ALBUM GARFIELD #58

PRESSES AVENTURE

Presses Aventure, une division de
LES PUBLICATIONS MODUS VIVENDI INC.
55, rue Jean-Talon Ouest, 2ᵉ étage
Montréal (Québec) H2R 2W8, CANADA
www.groupemodus.com

Publié pour la première fois en 2011 par Ballantine Books sous le titre :
Garfield Lard Of The Jungle

Traduit de l'anglais par Jean-Robert Saucyer

Dépôt légal : Bibliothèque et Archives nationales du Québec, 2012
Dépôt légal : Bibliothèque et Archives Canada, 2012

ISBN 978-2-89660-377-0

Nous reconnaissons l'aide financière du gouvernement du Canada par l'entremise du
Fonds du livre du Canada pour nos activités d'édition.

Gouvernement du Québec — Programme de crédit d'impôt pour l'édition de livres —
Gestion SODEC

Imprimé à Singapour

11

GARFIELD®

JON? LIZ À L'APPAREIL. J'AI DU MAL À DÉCIDER QUOI PORTER CE SOIR

J'AI D'ABORD PENSÉ METTRE MA ROBE BLEUE, MAIS JE ME SUIS DIT QUE MON HAUT ET MA JUPE ROUGES FERAIENT UN MEILLEUR EFFET...

PUIS, JE N'AI PAS TROUVÉ D'ESCARPINS HARMONISÉS À CET ENSEMBLE, ALORS JE ME SUIS TOURNÉE VERS MA ROBE COCKTAIL ÉMERAUDE, MAIS SA GLISSIÈRE EST GAUCHIE...

J'AI DONC ESSAYÉ LA ROBE BUSTIER MAUVE, MAIS LE SAC QUI L'ACCESSOIRISE EST SOUILLÉ D'UNE TACHE DE MASCARA. D'AILLEURS, JE SUIS TOUJOURS D'AVIS QU'ELLE ME GROSSIT LES HANCHES...

JE N'AI DONC PLUS QUE MA ROBE BLEUE, À MOINS DE PORTER LE HAUT ET LA JUPE ROUGES AVEC DES SANDALES OU DES CHAUSSURES À BOUT OUVERT D'UNE TEINTE NEUTRE

TOI, QUE PORTES-TU?

MON COSTUME

HOURRA POUR LES GARS!

JIM DAVIS 5-25

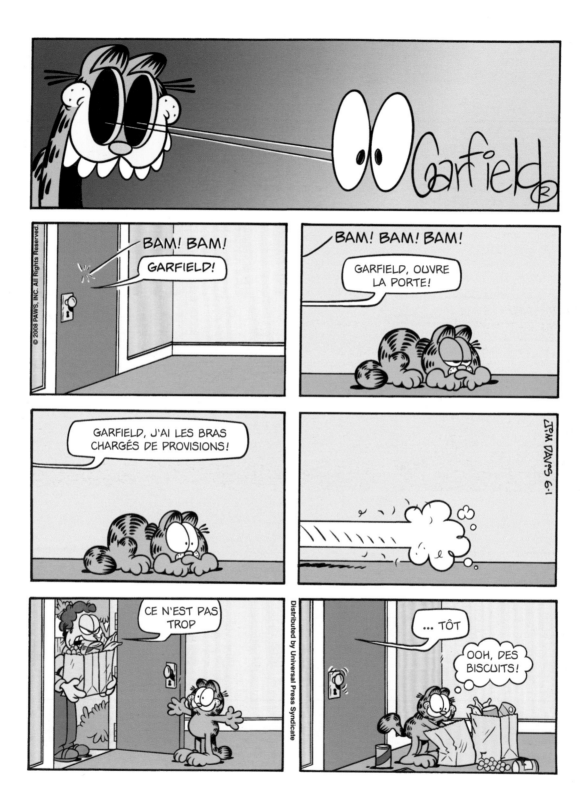

PAS FACILE DE VIEILLIR

Distributed by Universal Press Syndicate

JIM DAVIS 6-15

À LA RUBRIQUE INCONVÉNIENTS, J'INSCRIS : PERTE DE MÉMOIRE, APPARITION DE POILS AU NEZ ET AUX OREILLES, TACHES DE VIEILLESSE, RIDES, DOULEURS ARTICULAIRES ET PEAU FLASQUE

À LA RUBRIQUE AVANTAGES : GÂTEAU

UN COMBAT INÉGAL

BON ANNIVERSAIRE!

BONJOUR, LIZ!

HELLO, JON

QU'EST-CE QUI SENT SI BON?

MON PARFUM?

MMM, CETTE ODEUR DE BŒUF...

AH, CE SERAIT MON AUTRE PARFUM

QUEL REPAS! J'AI LA PANSE BIEN PLEINE!

TAP TAP TAP

LIZ EST UN SACRÉ CORDON-BLEU!

TU VEUX SENTIR MON HALEINE PARFUMÉE AU ROSBIF?

TU ES D'UNE GRANDE CRUAUTÉ

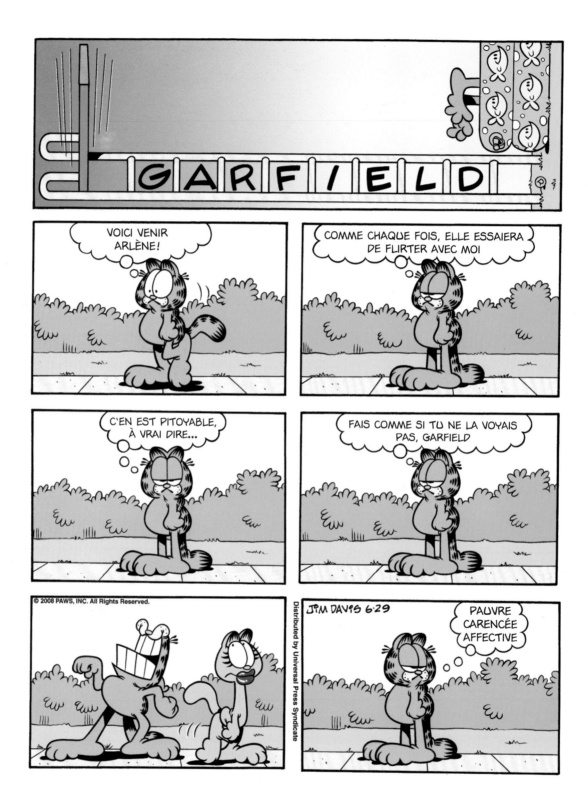

Distributed by Universal Press Syndicate

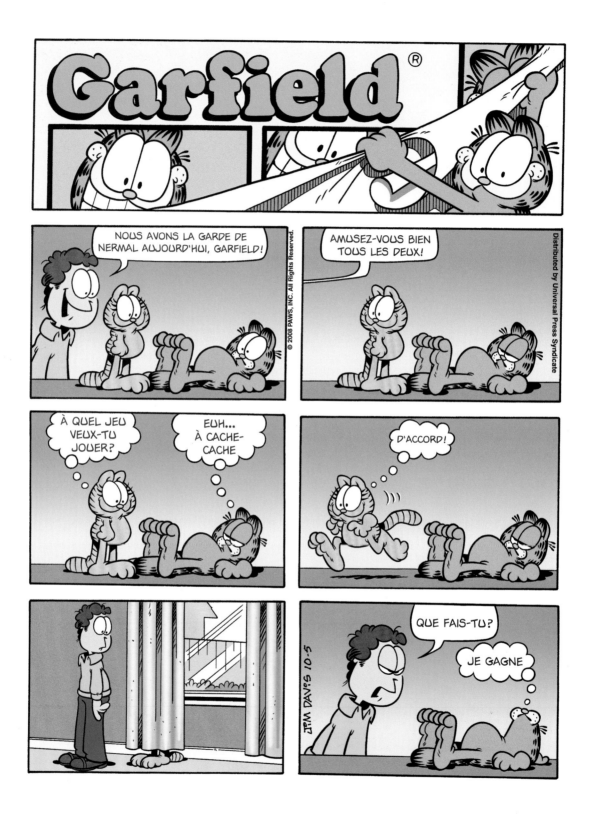

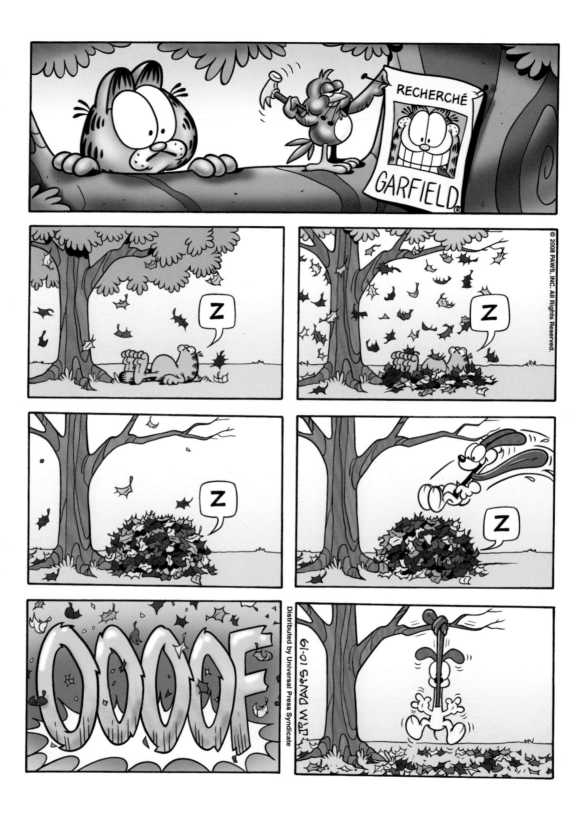

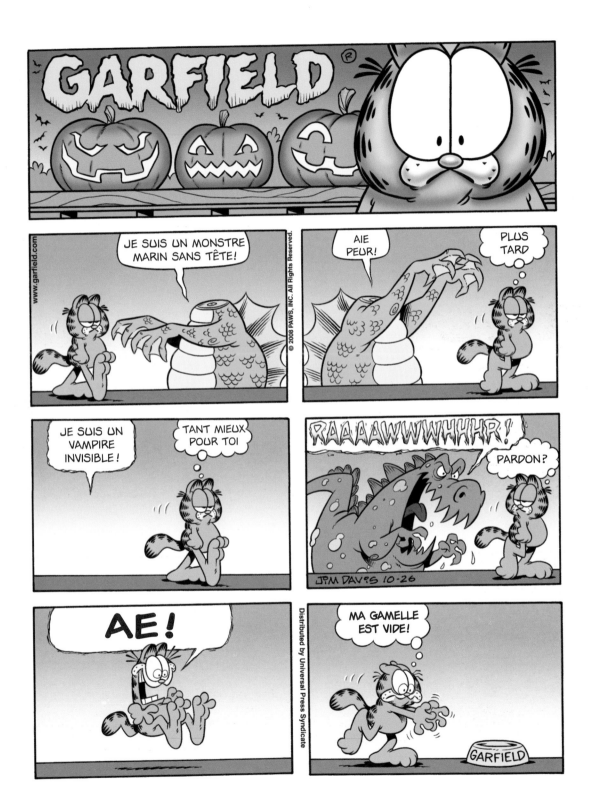

JE T'AI VU SUR LA CLÔTURE AVEC ARLÈNE, HIER SOIR

EN FAIT, TU Y ÉTAIS CHAQUE SOIR CETTE SEMAINE

SERAIS-TU AMOUREUX?

ÇA NE TE REGARDE PAS

HÉ, ARLÈNE...

TU N'AS PAS PU T'EN EMPÊCHER

TU SAIS CE QUE J'AIME

APPROCHE UN PEU

T'EN AS À LA GELÉE?

SEULEMENT AU SUCRE, CE SOIR

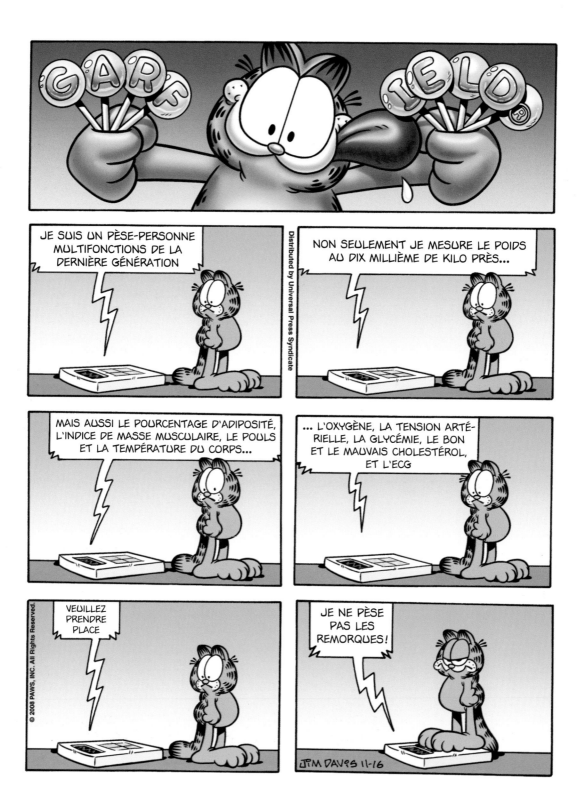